世界一周ときめきの旅

かわいい楽しいぬり絵ブック

柳川風乃
Funo Yanagawa

講談社

Start
GREECE
SPAIN
NEPAL
KENYA
INDONESIA
MOROCCO
SOUTH AFRICA

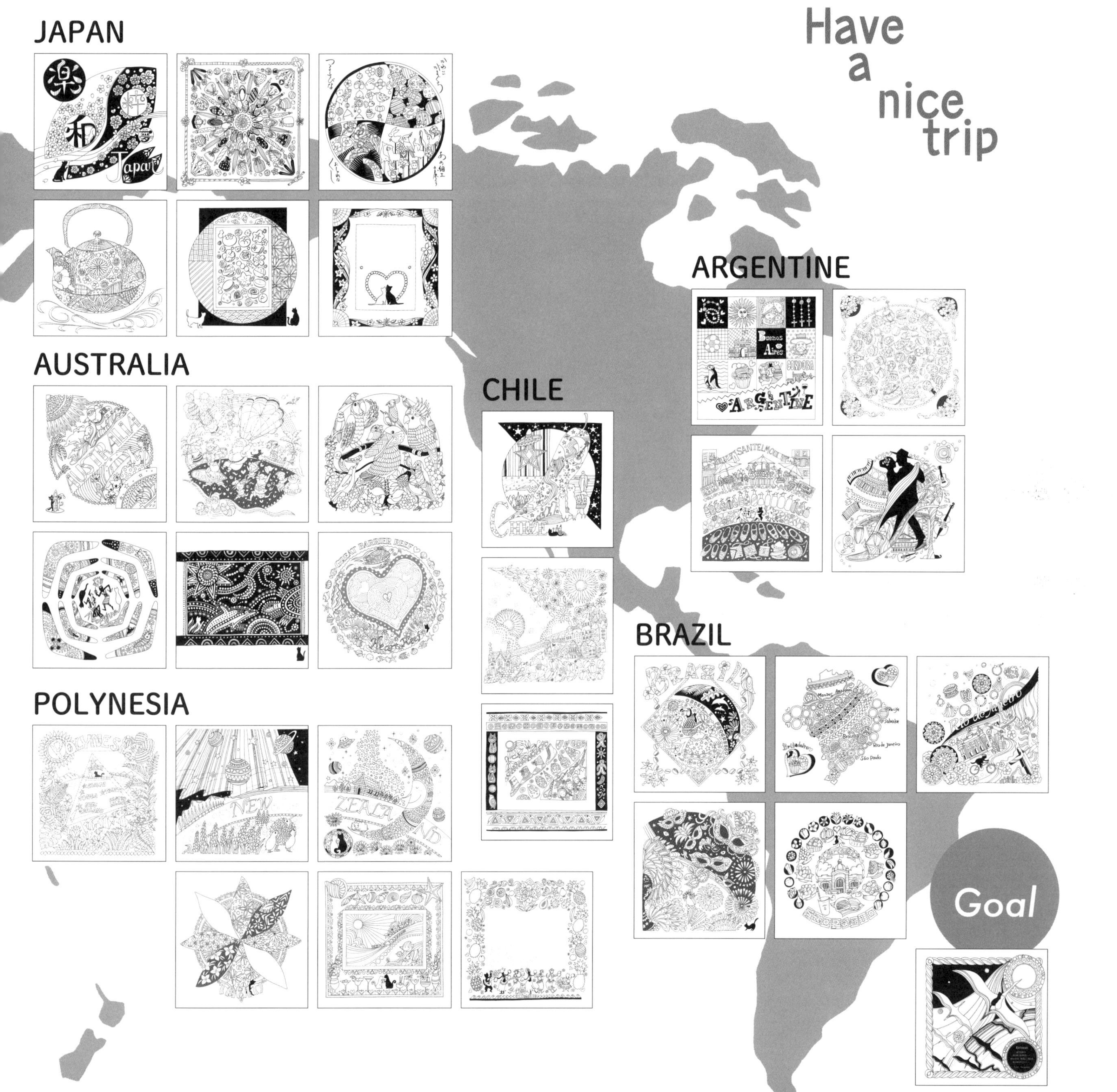

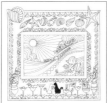

Have a nice trip
JAPAN
AUSTRALIA
POLYNESIA
CHILE
ARGENTINE
BRAZIL
Goal

Prologue 満月の夜が来るたびに、なぜ、旅に出たくなるのだろう——

SPAIN
Madrid
Barcelona
Valencia
Sevilla
Granada

Mercado
FRUTA

BAR
BAR
SPAIN

GAUDI

GREECE.

MOROCCO

MOROCCO

KENYA

CAPE TOWN
SOUTH AFRICA

NEPAL

楽
粋
和
夢
Japan

かわいい
がまぐち
つるしびな
あめ細工
吉原より
おしゃれな
くし

INDONESIA

BALI

AUSTRALIA

Holiday
HAPPY

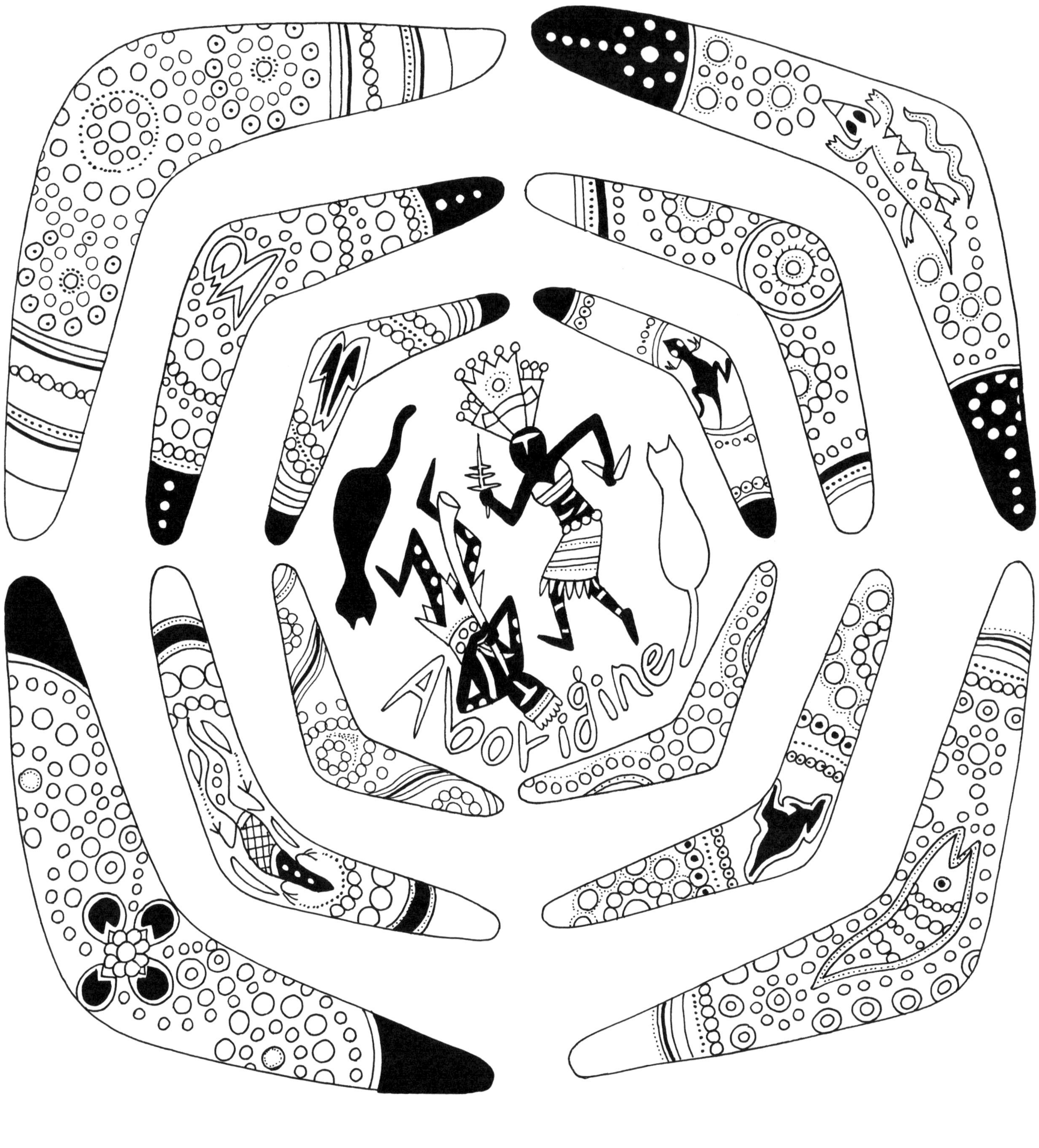
Aborigine

GREAT BARRIER REEF
Heart Reef

POLYNESIA
HAWAII
SAMOA
TAHITI
TONGA
EASTER ISLAND
NEW ZEALAND

NEW

ZEALA
ND

TAHITI

CHILE

Buenos
Aires
CORDOBA
ARGENTINE

SANTELMO
TANGO BAR
CAFE TANGO

BRAZIL
ORDEM E PROGRESSO

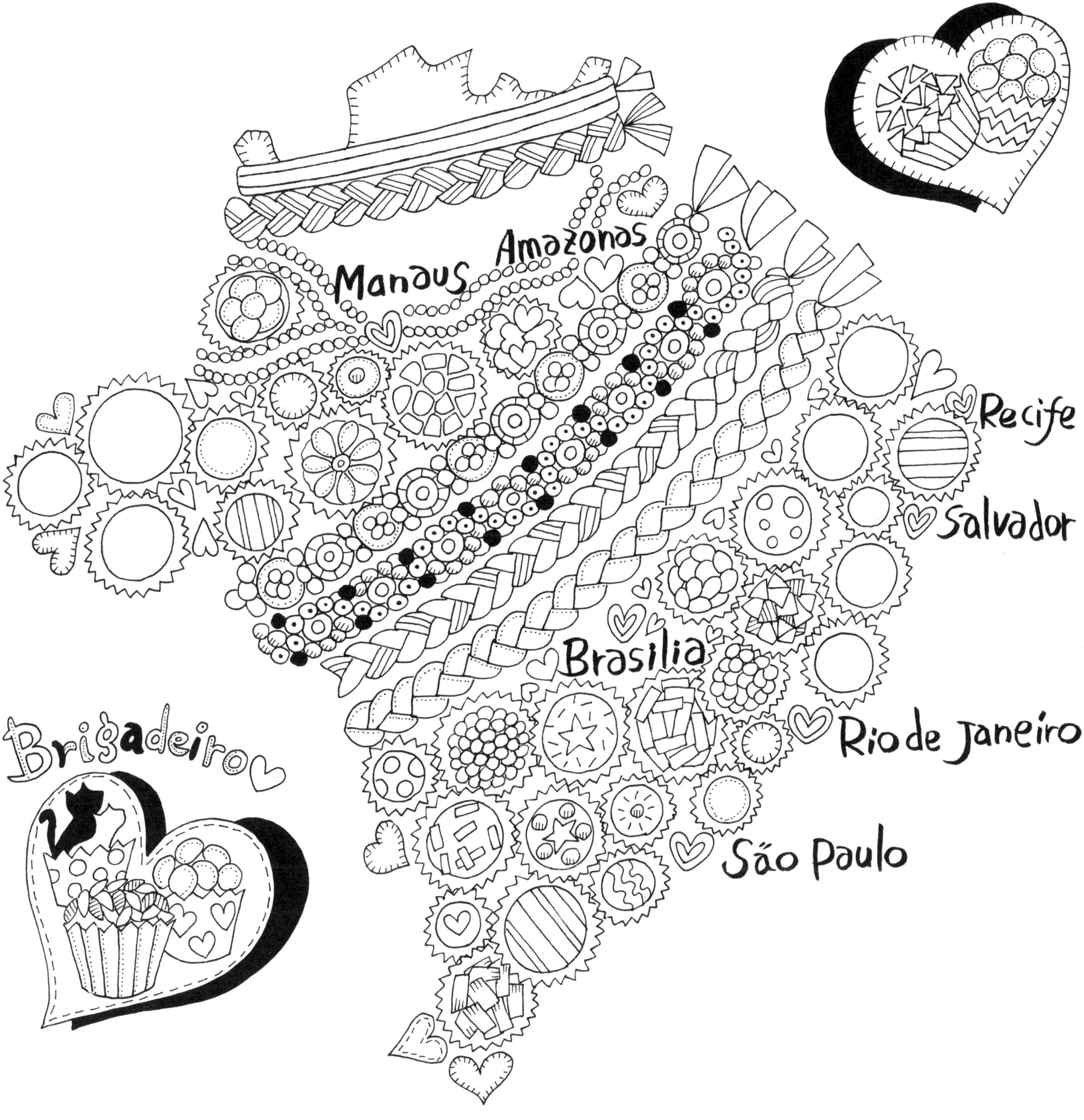
Manaus
Amazonas
Recife
Salvador
Brasilia
Rio de Janeiro
São Paulo
Brigadeiro

Rio de Janeiro

Mercado
SaoPaulo

Epilogue
旅するほどに
また旅に呼ばれる――。
終わりなき「発見」に惹《ひ》かれ
地平線の向こうへ――。
Funo Yanagawa

世《せ》界《かい》一《いっ》周《しゅう》ときめきの旅《たび》

music《ミュージック》 rendezvous《ランデヴー》　かわいい楽《たの》しいぬり絵《え》ブック

2016年 2 月27日　第1刷発行
2022年 7 月20日　第3刷発行

著者　柳《やな》川《がわ》風《ふう》乃《の》

発行者　鈴木章一

KODANSHA

発行所　株式会社 講談社
〒112-8001 東京都文京区音羽2-12-21
販売03-5395-3606 業務03-5395-3615

編集　株式会社 講談社エディトリアル
代表 堺　公江
〒112-0013 東京都文京区音羽1-17-18 護国寺SIAビル
編集部 03-5319-2171

装幀　アルビレオ

印刷所　半七写真印刷工業株式会社

製本所　大口製本印刷株式会社

ISBN978-4-06-219971-1

ぬり絵ブックのご使用に関して

♪ご自分で塗られた作品を写真に撮って、ブログやインスタグラムなどで発表するのはご自由に、どんどん楽しんでください。ハッシュタグなどには書名を入れていただければ安心です。
♪ご自分で塗られた作品は、コピーしてカードなど自由に加工して楽しめます。
塗る前のぬり絵を個人の楽しみ以外の目的で複製使用しますと、著作権法に触れる場合がありますのでご注意ください。

柳川風乃　Funo Yanagawa

イラストレーター／企画制作会社代表
広島県生まれ。武蔵野美術短期大学卒業。広告制作会社に就職し、広告デザインおよびエディトリアルデザインの経験を積んだのち、フリーのデザイナー &イラストレーターとして独立。30代前半にモスバーガーの遊学生に選ばれて渡米。ニューヨークからサンフランシスコまで東西横断しながら「1分似顔絵」を描き溜める行脚を決行、イラストの腕と行動力を磨く。これを機に、イベント活動にも関わるようになり、1998年に似顔絵とオリジナルデザインの企画制作会社(有)キャラステーション設立。企画立案、プロデュース、パフォーマンスと幅広く活動中。海外渡航歴は、2016年までの通算で40回強、あまたの国を訪れている。2014年にはJTB主催「第1回 旅のコミックエッセイ大賞」に応募し、子連れ旅を描いて優秀賞を受賞。

*もっと塗り方がわかるフェイスブック・あなたの作品も大募集!
「柳川風乃の世界一周ぬり絵の旅」https://facebook.com/55nurie.labo